AF359244

FRANCE & SYRIE

II

Plusieurs points nécessaires

d'un Programme

(Tirage limité à soixante exemplaires)

DÉCEMBRE 1921

Plusieurs points
d'un Programme pour la Syrie

L'Œuvre militaire. — Les opérations militaires ont abouti à ce résultat incontestable que nulle part il n'existe aujourd'hui en Syrie de résistance à nos armes.

J'ai relaté dans ma note sur l'Etat de Damas (1) à quel point la sécurité y est parfaite. Là où nos troupes combattaient, il y a quelques mois encore, règne le calme le plus complet dans les esprits ; notre domination est non seulement supportée, mais acceptée.

J'ai trouvé le même calme, sinon tout à fait le même état d'esprit, dans la Syrie du nord. Elle fut toujours plus turbulente, tant à cause du caractère des populations que parce que les communications y étaient plus difficiles, et ce n'est que par la répression très sévère de fréquents petits troubles locaux que la Turquie y assit sa domination. Les cultures y sont clairsemées dans la plaine comme dans la montagne la population peu dense. Un chef de village qui commande à cinquante, à cent fusils, a des habitudes d'indépendance qui, si on n'y met la main, se transforment aisément en brigandage.

____

(1) Voir note annexe. — Voyage à Damas.

Plus complètement dans l'Etat d'Alep que dans l'Etat de Damas, nous avons maintenu les traditions locales. Nous avons obtenu le respect de l'ordre et de l'autorité avec des méthodes qui rarement furent lourdes, poursuivant dans le bled et traquant les petits chefs révoltés que nous ne pouvions joindre, jusqu'à ce que, de lassitude, ils demandassent l'aman.

Nulle part, aujourd'hui, on ne rencontre de résistance ouverte ; dans les régions de plaine confinant au désert une troupe de cinquante hommes constitue une force presque inattaquable ; seuls dans les confins militaires du nord-est, quelques coins de montagne, que jamais les Turcs n'ont pu soumettre, nous préoccupent encore, mais les soumissions s'y multiplient et notre aviation s'y est montrée arme incomparable pour étouffer les rébellions commençantes.

L'Etat du Grand Liban est dans le calme ; le gendarme libanais, fier de son uniforme neuf, suffit à y assurer la paix ; le Syrien chrétien a, d'ailleurs, cette qualité, tout au moins, de n'être nullement guerrier, et, si faible qu'elle soit, de ne jamais résister à la force.

La paix au total règne partout : l'acceptation de notre domination presque partout (1). La conquête pacifique fait de rapides progrès derrière la conquête militaire. Le respect des droits et des situations antérieurs, l'ordre qui règne en territoires administrés par nous, réduisent vite les inquiétudes du début et les mécontents sont rares. Petit à petit, aux confins du désert, nous établissons une ceinture légère, mais mobile et profonde, de protection contre les agitations bédouines et les provocations d'

---

(1) Il est curieux de voir, dans les villages des régions diffi iles où nous installons des petits postes, nos Sénégalais, sous la conduite et le contrôle de leurs sous-officiers français, se révéler bons propagateurs de l'influence française. Courageux et disciplinés, comme le Syrien ne sait pas l'être, d'abord ils représentent l'ordre et la force, et en dehors du service, leur bonhomie souriante de grands enfants enveloppe cette force d'une sorte de douceur rassurante dont est très visible l'excellent effet.

Faiçal ; compagnies de méharistes, groupes d'aviation, feront comprendre aux tribus dissidentes que la distance et la dissémination dans de vastes espaces ne sont pas une arme contre nous.

Les dangers extérieurs ont diminué, militairement parlant les Arabes sont peu de chose. Après de trop longues hésitations, nous nous sommes, enfin, décidés à faire la paix avec les Turcs. Deux ans plus tôt, ils auraient été avec joie nos amis et alliés, et nous aurions pu même utiliser au besoin leur force militaire ; il faut espérer que bientôt, quoique les circonstances ne soient plus aussi favorables, notre accord, de côté et d'autre, s'appliquera et que, non seulement la paix, mais la confiance, régnera.

L'œuvre militaire, en Syrie, qui, il y a un an encore, paraissait formidable, est donc sur le point d'être accomplie.

Une dernière tournée me permet de constater la même sécurité dans la zone d'occupation directe dite « Territoire des Alaouites ». De Tripoli à Lattakié, il y a encore six mois, la situation était telle qu'aucune circulation n'était possible sans escortes ; les postes militaires établis pour protéger les travailleurs occupés à la construction de la route joignant Tripoli à Lattakié étaient souvent attaqués et, à intervalles rapprochés, les travaux devaient être suspendus.

Un voyageur isolé traverse maintenant en sécurité la zone Tripoli-Lattakié, et on peut même circuler entre les villages de la montagne. Le territoire se couvre de plateformes de routes dressées tant par prestations que par emploi de la main-d'œuvre militaire et la région séparant Hama de Lattakié, à la suite de l'ouverture de ces voies de communication est, on peut l'espérer, définitivement assainie.

Les populations des régions nouvellement traversées sont d'ailleurs sympathiques à nos travaux. Le pays des

Alaouites, zone d'administration directe, plus que toute autre région syrienne, en reconnaît les bienfaits.

D'ici au printemps, les travaux de construction de la route de Beyrouth à Lattakié seront terminés et une automobile pourra faire en six ou sept heures le voyage qui, l'année précédente, demandait une semaine et l'accompagnement d'une sérieuse escorte.

Au printemps également, la route joignant Beyrouth à la frontière palestinienne sera terminée. Un ruban de route, d'un seul tenant, d'environ 400 kilomètres, collectant vers les ports les produits agricoles de la zone côtière et assurant, par la mobilité donnée aux forces de police, la sécurité des régions qu'il traverse, économisera ainsi de nombreux bataillons.

Le jour où des communications faciles seront assurées partout de même, l'œuvre militaire se réduira à une tâche de surveillance et de police.

Le mandat sur la Syrie. Décomposition en états autonomes. — Il ne doit y avoir qu'un mandat sur la Syrie, seule du nom; il n'y a qu'un Haut-Commissaire dont les services centraux uniques sont installés dans une seule ville, à Beyrouth, qu'une armée, puisque c'est l'armée française, obéissant à un chef unique, qu'un réseau de chemins de fer, administré par une seule Compagnie, qu'un réseau de postes et télégraphes, qu'un système de douane à revenu unique, qu'une monnaie, qu'une Banque d'Etat, la Banque de Syrie, enfin qu'une volonté générale organisatrice : la volonté de la France, qui doit appliquer les méthodes européennes, ses propres méthodes, aux régions groupées sous le nom de Syrie et les développer selon les mêmes principes et en y appliquant les mêmes moyens, ce qui semble demander comme instruments quelques services dirigés chacun par un homme de valeur et de compétence, qui mettront sur pied et appliqueront la formule néces-

saire, que ce soit en matière de Justice, d'organisation de
la Propriété Foncière, de Travaux Publics, d'Instruction
Publique, de Finances, bref tous les multiples organismes
nécessaires à la vie d'un pays moderne.

Mais à cette conception du mandat, qui, dès le début
de notre occupation, par la force des choses, s'est trouvée
appliquée et déjà a porté ses premiers fruits, une conception différente et même contraire, se superpose.

La Syrie, disent ses auteurs, n'est qu'une expression
géographique; nous devons respecter la volonté de ses
habitants qui n'entendent pas être courbés sous une loi
unique; on ne peut appliquer les mêmes règles aux chrétiens et aux musulmans, Alep ne veut pas être subordon-
née à Damas, enfin le Liban, qui nous a appelés, pays
plusieurs fois séculaire, a ses droits et ses garanties spé-
ciales qu'il entend maintenir.

Pourquoi d'ailleurs essayer de créer une unité syrienne
qui n'existe pas et qui, si elle naît un jour, se retournera
contre nous. —*Divide et impera*— restons le seul lien commun entre de petits États isolés dans leur particularisme
et nous les gouvernerons bien plus facilement, en les
gouvernant d'ailleurs comme ils désirent être gouvernés.

Le gouvernement Français vient de donner son accord
à un projet d'organisation de la Syrie en États autonomes,
qui applique cette seconde conception. La raison déter-
minante de son approbation est la conformité apparente
du projet à la formule du mandat tel qu'il semble devoir
être octroyé à la France par la Société des Nations. On
peut même dire que, dans son ensemble, il est conforme
aux idées mêmes et aux principes qui ont constitué cette
Société des Nations, se préoccupant plus de réaliser des
conceptions à priori et théoriques que de réaliser une
organisation adaptée aux besoins d'un pays, à la menta-
lité, aux qualités et aux défauts de ses habitants.

Les défenseurs du système de décentralisation qui
vient d'être officiellement adopté, sinon appliqué, ont en

outre pour eux en Syrie l'appui des Libanais, c'est-à-dire d'une petite minorité, mais riche, agissante et plus immédiatement en contact tant avec la France qu'avec les services centraux français installés à Beyrouth.

La Syrie est donc théoriquement divisée en cinq États indépendants. Du même coup, sans supprimer, ce qui était impossible, l'organisation unique déjà créée, on crée à côté d'elle cinq ensembles nouveaux d'organismes analogues.

On crée ainsi le Gouvernement du Grand Liban, le Gouvernement de Damas, amputé il est vrai, au profit du groupe libanais, de quelques-uns de ses plus riches districts, le Gouvernement d'Alep, le territoire des Alaouites, le sandjak indépendant d'Alexandrette, chacun avec son budget, son Gouverneur, son Conseil d'Etat, ses services judiciaires (et même - projet aujourd'hui heureusement abandonné - sa Cour de Cassation particulière), ses services financiers, de Travaux Publics, d'Instruction Publique, sa Gendarmerie, etc., etc.

Dans chaque Etat, le personnel indigène est doublé d'un personnel de conseillers français, chargés à la fois du contrôle et de l'introduction de nos méthodes.

Cette organisation ne peut, bien entendu, supprimer l'existence du Haut-Commissaire, de son Etat-Major, de son Secrétaire général Civil, et de ses Directions.

Elle n'a même pas pour conséquence de déplacer le siège du Haut-Commissariat qui, pour être logique, eût dû se transporter successivement dans les différents Etats autonomes sous peine d'avantager celui de sa résidence, de laisser influencer par des intérêts locaux ses décisions d'ordre général. Le Haut-Commissariat reste à Beyrouth, au milieu des Libanais, au centre du seul Etat chrétien de la Syrie ainsi décomposée.

Or à l'user on s'aperçoit que cette découpure est artificielle, ne répond à aucune nécessité, ni même au vœu réel de la très grande majorité de la population.

Fragmenter la puissance militaire, clef de voûte du régime nouveau, personne n'y pense ; ne pas laisser l'entière puissance politique aux mains du Haut-Commissaire, dont les chefs des divers États ne deviennent ainsi que les serviteurs, c'est également impossible ; l'unité de législation apparaît indispensable, aux lois uniques déjà appliquées, d'autres lois uniques doivent s'ajouter ; chaque État peut bien percevoir par ses moyens propres, en vertu des lois fiscales générales, ses impôts particuliers et les mettre dans sa caisse, mais le lendemain, il doit coopérer pour sa part à toutes les dépenses d'intérêt général, et elles sont d'une importance capitale ; à qui laisser l'Administration de ce budget général, sinon au Haut-Commissariat ? Tout le système foncier, judiciaire, fiscal, administratif, se trouve ainsi toujours ramené à l'unité.

En fait, donc, le système de décentralisation n'est possible que s'il reste simple façade et que derrière lui on pratique, au point de vue services publics et au point de vue économique, la centralisation. Malheureusement, à supposer que telles soient les intentions du gouvernement français, elles ne sont pas toujours ainsi comprises et détruisant d'une main ce qu'on avait fait de l'autre, on s'efforça souvent de donner plus de réalité aux administrations autonomes. On discuta, pour citer un exemple, l'existence d'une direction centrale des Travaux Publics au Haut-Commissariat. Chaque État eût administré son budget de travaux à sa guise sous les conseils du Haut-Commissariat, construit son propre réseau de routes et de chemins de fer.

Avec cette conception, on conférerait par exemple la réalisation du grand port d'Alexandrette, destiné à devenir le plus grand port de la Méditerranée orientale, et du chemin de fer devant le relier au Bagdad, au directeur des Travaux Publics de l'État d'Alexandrette et aux Finances de cet État. On n'a encore, il faut le dire, et bien au contraire, pris aucune disposition en ce sens.

Il n'en reste pas moins trop de flottement dans les esprits et qu'il y a contradiction en pratique entre les deux points de vue, si bien que, pour continuer à prendre la direction des Travaux Publics comme exemple, elle reste au Haut-Commissariat anémique et faiblement organisée, que chacun des directeurs des Travaux Publics de chaque Etat indépendant reste dans la logique de ses fonctions en prétendant avoir ses vues et son budget, non seulement pour les Travaux Publics d'intérêt particulier, mais pour les Travaux Publics d'intérêt général et qu'on ne sait encore dans quelle mesure il sera fait droit à leurs prétentions, dans quelle mesure elles seront redressées.

Il reste que, dans chaque Etat, la France entretient un conseiller contrôleur des Travaux Publics, pris entre les combinaisons locales, entre l'état d'esprit particulariste, dont il est vite imprégné, et les instructions qu'il reçoit d'une direction centrale qui n'a pas sur lui pleine autorité. Il reste aussi que ces organismes multipliés coûtent cher, si cher que nulle part on n'a plus les moyens d'effectuer la dépense nécessaire pour en organiser un seul de manière à le mettre en état de bon rendement. Et ainsi de tous les services.

Le système de décentralisation mitigé par le contrôle du Haut-Commissariat qui, si on veut l'appliquer sincèrement, rendrait si difficile et si compliqué l'exécution de notre puissance, pourrait-il d'ailleurs, tel que ses auteurs le conçoivent, satisfaire ces Syriens, partisans de l'autonomie et de la liberté des Etats, dont nous redoutons les plaintes. A moins de ne rien faire de plus en Syrie que l'œuvre déjà accomplie, dès que nous entrerons plus avant dans le domaine des réalisations (et nous serons obligés bientôt ou d'y entrer, ou d'évacuer le pays, ou d'infliger à la France la continuation de charges qu'elle ne veut ni ne doit supporter) l'équivoque qui existe encore sur la signification du système ne sera pas maintenue. On a beau prolonger le plus possible le régime des organisations complexes et contradictoires sur le papier, par des textes où chacun trouve la possibilité de réaliser son plan à l'exclusion du plan adverse, il va bien falloir choisir, quand il va falloir passer à leur application.

Le Syrien veut vivre à sa guise, ne pas écouter nos conseillers, dépenser à sa fantaisie et son propre argent et celui qu'il compte bien que nous continuerons à lui apporter. Nous voulons, nous, mettre le pays en valeur, et pour cela continuer à le doter des organisations techniques et des moyens d'action nécessaires, réformer les mœurs administratives, faire rentrer les impôts et en surveiller et diriger l'emploi, abolir la concussion, l'exploitation de tous par une petite classe, enfin, nous payer des frais de notre tutelle sur les bénéfices qu'elle réalisera.

Le premier système, c'est la liberté dans la décentralisation, le second, c'est fatalement, sous tous les voiles dont il sera raisonnable de l'envelopper, le retour à l'autorité du Haut-Commissaire et, dans l'exercice effectif de cette autorité, sinon en apparence, la centralisation.

Sur le terrain financier, le plus brûlant de tous, la question est déjà posée, et le conflit va naître. Si on ne le tranche pas clairement, nous entrerons dans une ère de graves difficultés. Voici : en vertu de la liberté octroyée aux États Syriens, chacun a le droit d'établir son budget à sa guise, se bornant à le soumettre pour contrôle à l'approbation du Haut-Commissariat.

Quels sont les droits de ce dernier ? Ils sont intégralement contenus dans une toute petite disposition de l'arrêté disant en substance ceci : si les fonds suffisants ne sont pas prévus pour les dépenses d'intérêt général, le Haut-Commissariat y pourvoira.

Ainsi, en une ligne, on entend, après avoir proclamé et développé dans tout un texte la liberté absolue des Etats en matière budgétaire, donner dans l'application un pouvoir non moins absolu au Haut-Commissaire.

Les premiers budgets syriens vont être élaborés et présentés. Devant l'état d'esprit de beaucoup de Syriens d'une part, devant la volonté légitime de la France d'autre part de mettre fin à ses sacrifices, il est bien certain que le plus petit minimum indispensable aux dépenses d'occupation ne sera pas prévu par les Syriens, le conflit donc éclatera et pas seulement dans un, mais dans tous les Etats.

Alors, ou bien la France cédera et elle continuera à dépenser sans résultats en Syrie jusqu'au jour où, soit elle évacuera, soit elle se décidera, après du temps et des milliards perdus, à changer de méthode, ou bien elle sera forcée, unifiant du même coup la discussion, d'imposer sa volonté par la force, jetant au premier jour ouvertement par terre le système qu'elle vient d'édifier.

Il n'est donc que temps de faire progressivement machine en arrière et il y aurait au contraire de graves inconvénients à accentuer la politique de désintéressement qui conduira très vite à un conflit qu'aucune abdication de notre part ne suffirait plus à apaiser. Le moindre de ces inconvénients serait la prolongation des défauts du régime actuel. Trop de temps a déjà été perdu en hésitations, trop d'argent dépensé ; il est indispensable que, sans plus tarder, nos directives soient fixées. Avant tout, centralisons-nous ou décentralisons-nous ? L'examen de cette question est dominé par la question préjudicielle : Que faisons-nous en Syrie ? en vertu de quel mandat y resterons-nous ? Question laissée trop longtemps, à notre très grand détriment, sans réponse, et à laquelle l'intérêt de la France et ses droits légitimes exigent qu'il soit maintenant, une bonne fois, répondu.

Il importe qu'au plus tôt, les conditions du mandat soient définies et sa perpétuité assurée. On ne peut gouverner un pays, où forcément toujours il y aura des mécontents, si les assises du Gouvernement ne sont établies. Aujourd'hui, le Syrien mécontent ne sait même pas si la durée de l'occupation française dépend de la France seule ou d'un mandat demain peut-être refusé, peut-être accordé à terme, peut-être accordé sous conditions par la Société des Nations. De l'autre côté de la mer, le Parlement Français auquel on demande de consentir de nouveaux sacrifices, ne sait pas dans quelles conditions d'avenir est dépensé l'argent et versé le sang des fils de France.

Aussi, de ce côté de la mer, en Syrie, nous voyons tels Syriens, dont l'oreille fut peut-être trop ouverte à des suggestions perfides, s'indigner à la seule idée que demain coulera peut-être plus réduit le fleuve d'or venant de France, aux flots duquel il s'est, depuis l'occupation, si largement abreuvé.

Nombre de Syriens ont pris l'agréable habitude de vivre de nous; c'est à la continuation de cet état de choses qu'ils sont tentés aujourd'hui de subordonner leur consentement à notre présence et qu'ils y subordonneront leur consentement, s'ils ont à le donner.

Ne nous imaginons pas que nous pouvons semer largement ici, puis nous en aller en attendant la récolte due à la reconnaissance de nos bienfaits. Un peuple n'est jamais assez reconnaissant, il prend vite le bienfait pour un droit et s'irrite le jour où l'on cesse de satisfaire à toutes ses exigences.

Croyons encore moins que nous pourrons satisfaire les appétits, si nous n'avons pas la volonté ferme de les restreindre, que nous pourrons venir à bout d'une opposition qui demain sera insolente, après demain peut-être dangereuse, si les individus qui la composent croient n'avoir pas pour longtemps à compter avec nous et s'imaginent qu'en cas de désaccord, il suffira d'une décision de la Société des Nations pour les débarrasser de notre présence. Déjà la presse libanaise s'exalte sur les droits du Liban, crie au scandale à chaque demande que la France hésite à satisfaire. Selon elle, aux libanais, parce qu'ils

ont appelé la France et qu'elle est venue, tous les droits ;
à la France tous les devoirs.

Le Syrien est un oriental ; comme tel il ne croit qu'à
la force, et ses exigences vont toujours en croissant jusqu'au jour où elles se heurtent à la force. Pour être assuré
de son obéissance, de sa collaboration, de son dévouement, de sa reconnaissance même, il faut bien préciser les
régles du jeu et qu'il sache ce qui, en aucun cas, ne lui
sera permis, ce qui, dans tous les cas, lui coûterait cher ;
alors seulement on pourra travailler utilement avec lui.

Et de l'autre côté de la mer, en France, n'est-il pas
nécessaire de faire un peu savoir quels seront les résultats
pour la France, des sacrifices ici consentis. La France
a des raisons pour n'être pas prête à consentir indéfini-
ment, et même si la Syrie devait en profiter, et même s'ils
étaient encore réduits, des sacrifices qui devraient rester
pour elle sans une contrepartie positive. Il planera, tout
au moins tant que les droits de la France, les moyens
pour elle de rentrer dans une partie de ses avances, ne
seront pas précisés, une incertitude en matière budgétaire
qui aura ses répercussions graves en Syrie. Il faut, pour
mettre l'avenir sur pied, pouvoir au moins compter sur le
lendemain ; il faut que chaque fonctionnaire français en
Syrie, pour l'effort qu'il est appelé à donner, sache que
la France y reste, et qu'indépendamment même de lui,
son œuvre sera continuée.

Que peut faire d'utile une Administration avec, sus-
pendues sur sa tête, d'une part la possibilité à venir de
l'évacuation, de l'autre, la menace sérieuse du refus complet des crédits indispensables pour l'année suivante. On
ne fait bien que ce à quoi on croit.

Pourquoi la Société des Nations ne s'est-elle pas
encore prononcée sur l'attribution du mandat syrien ? Se
pourrait-il que tels ou tels préfèrent le maintien d'une
situation indécise qui permettrait de faire de la décision
ultérieure sur la Syrie une punition ou une récompense

de notre conduite ? Un tel calcul serait faux, car les sacrifices que la France a consentis depuis le jour où elle a
accepté le mandat syrien jusqu'à aujourd'hui où elle
attend encore sa ratification, sont tels qu'ils ne permettent plus de mettre en doute cette ratification et dans
des conditions lui permettant de récupérer ses frais de
tutelle.

Alors ? Alors il est indispensable que la France, avec
tout le respect nécessaire des traités, obtienne sans retard
de la Société des Nations la ratification de son mandat. Il
faut, si elle se heurte à des retards nouveaux et inexpli-
cables, qu'elle laisse bien comprendre que la partie est
maintenant trop engagée pour qu'il lui soit possible de se
retirer. Elle s'est donnée à sa tâche de mandataire ; mandataire elle doit rester, qu'elle tienne son mandat ou de
tiers ou de sa propre décision.

Point n'est besoin pour cela de discours officiels, de
déclarations pouvant être mal interprétées et présenter
des dangers ; que les intentions du Gouvernement français
ne puissent être ignorées des intéressés et cela suffit. Si
un jour les notables syriens, les fonctionnaires français en
Syrie, les membres du Parlement français, eux aussi,
savaient, sans équivoque, sans retour possible, que, quelle
que soit la procédure suivie, et tout en respectant parfai-
tement l'administration directe de la Syrie par les
Syriens, la France restera là, parce qu'elle n'est plus seulement Puissance mandataire ou Puissance occupante,
parce qu'elle est, *Puissance créancière*, parce qu'elle est là,
que ses sacrifices, consolidant ses droits antérieurs, lui
donnent le droit de se maintenir là où elle a déjà versé
son sang et son or, Si, de ce même jour, la seule préoccu-
pation dans l'exercice du mandat et la réglementation de
son application était, tout en respectant l'administration
directe de la Syrie par les Syriens, le développement
économique, la mise en valeur rationnelle du pays, de ce
jour-là, les fantômes panislamiques, les intrigues de

Faiçal, les mouvements nationaux syriens possibles, qui nous menacent vaguement à l'horizon, depuis que nous faisons tout pour les encourager, s'évanouiront comme des brumes légères.

Lorsque les agen's et les fonctionnaires français sauront vers quel but marcher, et que les moyens à leur disposition seront enfin appropriés à ce but, ils y marcheront d'un pas plus rapide et plus ferme; l'indécision dont souffre la Syrie, non seulement en matière politique, mais encore économique et financière, disparaîtra, et enfin nous aurons en France une majorité parlementaire prête à faire les quelques derniers sacrifices nécessaires en vue de l'imminente réalisation d'un programme se résumant dans le développement de la richesse franco-syrienne, la récupération d'une partie de nos avances et l'alliance intime de la Syrie et de la France.

Organisation à donner à la Syrie. — S'il est ainsi bien entendu que la France restera en Syrie, quelle organisation faut-il donner à la Syrie et dans quel sens convient-il d'abord de trancher la question de l'organisation en plusieurs États ou en une Syrie avec quelques privilèges particuliers au Liban.

Laquelle des deux formules doit le mieux assurer la domination paisible par la France, laquelle des deux est préférée par la majorité syrienne, quelle est celle qui assurera le mieux la prospérité syrienne; ces trois faces de la même question se confondent à l'examen, en une seule.

Au point de vue politique les états syriens peuvent être tentés de rentrer au nord dans la zone d'attraction turque, au sud dans la zone d'attraction arabe; les Alépins, par leurs intérêts commerciaux, leurs relations quotidiennes vivent en union avec les provinces de la Turquie du Nord; les Damasquins sont attirés vers la Palestine, sont accessibles aux suggestions panislamiques des émissaires de Faïçal et des Jeunes Égyptiens. La création d'un sentiment national syrien, faisant converger vers le même centre, intérêts et sentiments appelés aujourd'hui vers des groupements différents, ne paraît pas mauvaise pour notre paisible domination. Partant de la formule d'Etats autonomes officiellement promulguée, notre intérêt serait donc d'arriver le plus rapidement possible à l'unité par l'étape intermédiaire et toute trouvée de la fédération.

Mais cette unité, les Syriens, disent certains, la rejettent. Il est en effet exact qu'un petit groupe de Syriens est aujourd'hui opposé à l'unité syrienne, mais ce groupe se compose presque exclusivement de notre clientèle libanaise.

Pour le Libanais, la France ne vient en Syrie accomplir qu'un devoir, celui d'assurer la prospérité libanaise. Les pays que nous occupons en Syrie comptent moins de 20 0/0 de chrétiens pour plus de 80 0/0 de musulmans, on conçoit que les chrétiens habitués à bénéficier seuls jusqu'à ce jour de notre protection et de nos bienfaits, entendent en conserver les avantages exclusifs.

Le Liban, accru des plus riches parties de l'ancien vilayet de Damas, tous les services généraux français concentrés dans le Liban, l'argent envoyé de France dépensé pour la plus grande part dans le Liban, les décisions générales concernant la Syrie, prises par des fonctionnaires français vivant au Liban, entourés de Libanais et qui malgré toute leur bonne foi, sont forcément impressionnés par le point de vue spécial libanais, le haut commissaire français subventionnant les œuvres libanaises, on comprend qu'un tel système canalisant au profit du Liban la majeure partie de l'effort de la France, ait les préférences de la classe riche libanaise ainsi que des ordres religieux français installés au Liban.

Mais si sympathique que doive être pour nous le Liban, si respectueux que nous soyons de nos vieilles traditions, nous avons d'autres buts en Syrie que les buts libanais.

Non seulement notre mandat nous oblige à répandre le bienfait de notre organisation sur l'ensemble de la Syrie, dans la forme où cette organisation peut être le mieux adaptée aux besoins de la majorité des populations, mais encore si nous attendons quelque chose de l'avenir en ce qui regarde la prospérité économique future franco-syrienne, il faut que nous regardions au-delà du cul de sac du Liban, vers l'intérieur, au-delà même des frontières de la Syrie, vers les vastes hinterlands dont nous devons attirer vers la côte par nos routes, nos ports et nos chemins de fer, les richesses naturelles.

Autre chose d'ailleurs est de subordonner nos vues sur la Syrie aux vues libanaises et de continuer à faire bénéficier le Liban de notre sympathie séculaire. On conçoit très bien dans une Syrie unifiée, le maintien de quelques privilèges, d'une demi autonomie même, au bénéfice d'un Liban ramené à ses limites naturelles, formule analogue à celle stipulée pour le sandjak d'Alexandrette par le dernier accord franco-turc.

Le reste de la Syrie, dont on distrairait dans une certaine mesure le Petit Liban, pour tenir compte des vœux de ses habitants, est-il hostile à l'unification? Nullement, elle est réclamée, comme je l'ai déjà relaté dans une note précédente, par les habitants de l'actuel état de Damas; les habitants de l'Etat d'Alep n'y sont pas hostiles mais demandent simplement qu'on la définisse. Alep est en rivalité commerciale avec Damas, comme Marseille peut l'être avec Lyon, une unification qui se traduirait par la subordination commerciale d'Alep à Damas, par exemple, ne pourrait satisfaire Alep; les intérêts économiques de la Syrie du Nord peuvent n'être pas ceux de la Syrie du Sud et chacun veut voir ses intérêts sauvegardés. Mais sous réserve de cette méfiance naturelle et limitée dans son objet, je n'ai vu, pas plus à Alep qu'à Damas, aucune opposition contre l'institution d'un régime politique commun.

Il ne faut, d'ailleurs, ni au Liban ni en Syrie, attribuer trop d'idées politiques au Syrien. Il n'a jamais été habitué à faire partie d'un Etat, les intérêts d'Etat lui sont indifférents. Au rebours du Turc, conscient des traditions de sa race et toujours prêt à donner sa vie pour son pays, l'idée de Patrie, que ce soit faute du régime auquel il a des siècles été soumis, ou pour toute autre cause, lui est étrangère. La patrie se confond pour le Syrien avec un désir de prospérité du petit groupement dont il fait partie et avant tout, il veut vivre tranquille et riche.

Cette richesse, le système de centralisation est certainement le seul susceptible de l'assurer.

Des deux systèmes en présence, celui des Etats indépendants est le plus onéreux et celui qui permet le moins les organisations et les réformes. Il coûte cher à la Syrie et cher à la France par la multiplication par six des états-majors. Si, d'autre part, on peut trouver à mettre autour d'un Haut-Commissaire, pour adapter à notre civilisation et à nos méthodes un pays déjà évolué, tâche entre toutes difficile, quelques collaborateurs exceptionnels par leur compétence technique, leur sens de l'administration, leur autorité et leur dévouement à la chose publique, le problème devient presque irréalisable, s'il s'agit de trouver, pour une tâche plus délicate et une œuvre plus limitée en étendue, pour une action plus limitée en puissance, le même nombre de collaborateurs de tout premier choix multiplié par six.

Le système des Etats indépendants onéreux est de même le plus compliqué. On y veut, je ne sais quelle organisation de parlements et d'élections. Essai malheureux de régime parlementaire à ajouter à tous ceux déjà tentés en Orient; que seraient ces parlements dans un pays qui, moins encore que les petits Etats balkaniques la Turquie et même l'Egypte et la Perse, n'eut jamais aucune éducation politique; personne ne peut le prédire ; moins maniables à coup sûr, moins guidables dans les bons chemins que ne le serait un seul organisme central créé auprès de notre Haut-Commissariat, qu'on l'appelle : Conseil fédéral ou même Sultan, Khédive, Émir ou Roi.

Pratiquement et à regarder bien au fond des choses, la seule utilité de ces organismes autonomes qui ne correspondent à rien qu'à l'ancienne division administrative des provinces turques, est de conserver ou d'attribuer des places et des moyens de gagner de l'argent à tels uns ou à tels autres.

Pour ce qui concernerait, fût-ce un seul fonctionnaire français de trop, ce but n'est pas défendable, en ce qui regarde les Syriens, c'est mauvaise politique.

Nous ne sommes pas ici en pays de mœurs féodales où il peut sembler plus commode de se concilier quelques gros mangeurs, que d'améliorer le sort de l'ensemble de la population.

Nulle part, en Syrie, pays agricole et commerçant, je n'ai vu de ces situations de chefs incontestés, d'habitude basées sur un prestige de force qu'on ne rencontre que dans les pays de mœurs plus ou moins militaires ; il n'y a aucun avantage, même momentané, à satisfaire quelques centaines de Syriens au détriment de l'ensemble de leurs compatriotes.

Améliorations urgentes à apporter au système politique et administratif actuel. — L'organisation méthodique de la Syrie demande un assez grand nombre de fonctionnaires français. On alla peut-être un peu vite au début et certains arrivèrent avant que les postes utiles à remplir ne fussent créés. Les dernières compressions ont débarrassé la Syrie du superflu, d'autre part, les idées se précisent, les méthodes se constituent, il n'y a plus aujourd'hui qu'à continuer dans les voies déjà ouvertes, en perfectionnant chaque jour.

Avant tout, il serait très fâcheux, dans les circonstances actuelles, de croire que l'heure est sonnée pour l'administration purement civile et d'envisager, en conséquence, un changement de Haut-Commissaire. Ce changement serait interprété par les populations syriennes comme une complète abdication, il serait pour nous le commencement de difficultés graves. Le maintien d'un militaire à la tête du Haut-Commissariat est indispensable.

Le général Gouraud a, du reste, à son actif, en dehors et au-dessus de son œuvre civile, l'œuvre de conquête militaire et de pacification menée à bien sous sa direction. Les résultats excellents ainsi acquis, nul aussi bien que lui au point de vue militaire ne peut les consolider. Esprit sage et modéré, mais ferme, il a dirigé les chefs sous ses ordres vers une action sans violence superflue mais sans faiblesse.

Il est admirablement représentatif, Héros de la Grande Guerre, son passé d'honneur, sa probité attentive, son esprit de justice sans compromission, lui donnent, tant auprès des musulmans que des chrétiens, le prestige.

Le Général Haut-Commissaire concentrant entre ses mains tous les pouvoirs militaires et civils, il faut que la plus haute autorité civile du Haut-Commissariat veille auprès de lui tout d'abord, à l'exacte répartition entre les pouvoirs civils et militaires.

Si, en pays d'organisation nouvelle, des organismes civils et militaires doivent travailler côte à côte, il est important de définir leurs attributions réciproques et de veiller à ce que chacun n'en sorte pas; il est presque aussi nécessaire de ne pas mêler dans chaque service, les personnels et de laisser chacun à part de l'autre, avec ses traditions, ses habitudes d'esprit et de discipline différentes.

Le chevauchement d'attributions qui fait traiter par des organismes militaires des questions d'ordre politique qui sont du gouvernement civil, a des conséquences infiniment plus graves. Il est certain qu'en pratique, dans les pays d'occupation nouvelle où le principal ressort est le ressort militaire, il est difficile de complètement éviter ce

chevauchement ; en fin de compte, dans tout commande-
ment autonome, celui dont les attributions sont nécessairement le plus étendues, dont la responsabilité est la plus
lourde, c'est le Général commandant les troupes, lui
adjoindre avec des pouvoirs indépendants des siens, un
civil chargé de la conduite des affaires plus proprement
politiques, c'est à l'avance créer le conflit avec tous ses
inconvénients ; la logique et l'expérience sont bien d'accord pour l'affirmer.

A Alep, à Damas, chez les Alaouites, des chefs militaires, vrais Gouverneurs, joignent en leurs mains au pouvoir militaire, le pouvoir politique. L'indispensable est
qu'ils agissent exactement selon la ligne politique tracée
par le Gouvernement Français. Il doit appartenir au Secrétaire Général de suggérer au Haut-Commissaire les initia-
tives à prendre, les directives à donner, de signaler les
fantaisies individuelles ou les tentatives de politique per-
sonnelle à réprimer et il doit appartenir au Général Haut-
Commissaire, de tenir compte de ces suggestions afin de
faire exécuter et strictement respecter la volonté du Gouvernement.

Ainsi la coopération des pouvoirs civils et militaires,
le point de contact entre eux n'existant que dans les per-
sonnes du Haut-Commissaire et du Secrétaire Général,
que l'on doit définir en pleine harmonie de pensée et
d'action, s'exercerait au mieux des buts à atteindre.

**Répartition des affaires entre les divers services
et organisation des services.** — 1º Toutes les directions particulières dans les États, toutes les cours et tous
les conseils traitant d'affaires ou d'intérêts généraux à
l'ensemble de la Syrie, peuvent subsister s'ils sont réduits
au rôle de simples façades et petit à petit amoindris,
tous les organes d'exécution dépendant des services centraux du Haut-Commissariat. Les vues et les intérêts particuliers des divers États fédérés seraient alors repré-

sentés auprès du Haut-Commissaire et des services centraux par un très petit nombre de représentants, appelés suivant les besoins et formant auprès de lui, avec la coopération des chefs de services français, un Conseil de Direction plus ou moins permanent. Les conseillers locaux français recevraient directement et exclusivement leur consigne du Haut-Commissariat.

Après les déclarations faites à la Tribune de la Chambre et en Syrie même, il est indispensable, en cette matière, de ne pas procéder par à coup; on ne ferait que retarder le fonctionnement de l'ensemble, donner aux Syriens une impression bien superflue de versatilité et d'incohérence.

Rien aux mots n'est donc de suite à changer, mais aujourd'hui les conseillers des divers services auprès des Etats sont à la fois au service des Etats et des Directions du Haut-Commissariat; leur situation dépend des uns et des autres, ils ne peuvent et ne doivent que d'une façon restreinte, recevoir les directives des services centraux et les exécuter. Cela d'abord doit être modifié, les conseillers et contrôleurs français doivent être exclusivement auprès des Etats les représentants de l'organisation centrale française, prendre exclusivement leurs consignes d'elle et le nombre d'affaires traitées indépendamment des organismes particuliers des Etats doit quotidiennement s'accroître. Petit à petit, ainsi, les organes demi autonomes français constitués dans les Etats deviendront des organes de transmission et de contrôle en même temps qu'ils s'enrichiront du nombre d'agents en sous-ordre nécessaire pour contrôler, non plus seulement à la tête, mais dans le détail, les administrations locales syriennes.

En corollaire, réduits dans leur pouvoir et leur travail, les Gouvernements et hauts organismes locaux perdront par le simple jeu des choses, toute raison d'être de manière à ce qu'en fin de compte, dans un avenir prochain, ce qui restera encore du statut artificiellement élaboré pour donner satisfaction à des intérêts particuliers ou à des considérations étrangères au rôle véritable de la France en Syrie, tombe de soi-même en poussière et sans, pour ainsi dire, que personne s'en aperçoive. Que restera-t-il alors de la façade primitive, peu importe. Ou des apparences d'États autonomes et fédérés avec un Conseil fédéral, ou des États fédérés sous un souverain garanti par nous ou une Syrie unique sous un souverain unique. La forme politique une fois de plus importe peu ; ce qui importe le plus, on ne saurait trop le répéter, non seulement à nous mais aux vœux et à l'intérêt des Syriens, c'est la meilleure, la plus logique des organisations économiques.

2º Les services du Haut-Commissariat sont à renforcer. Ce renforcement pourrait peut-être être précédé par la révision d'un certain nombre de traitements et par la suppression de quelques services qui ne sont pas absolument nécessaires, mais aujourd'hui pour faire de bonne besogne et économiser l'argent français, il s'agit bien plus de multiplier le nombre de nos agents que de le diminuer.

L'exemple de la Tunisie et de ce qu'on a pu y faire avec peu de monde, n'est pas à donner. La Tunisie était un pays neuf ; la Syrie est un pays déjà organisé, évolué, vieux, si vieux même qu'en certaines parties il est corrompu. Il a un besoin plus impérieux que la Tunisie, et qui doit être plus rapidement satisfait, des bienfaits que donne la technicité de la civilisation : d'où la nécessité d'un assez grand nombre de techniciens, c'est-à-dire de Français. Il est nécessaire, encore plus, que dans toutes les branches de l'administration les fonctions donnant à leurs titulaires la perception, la garde, ou la dépense de fonds d'une certaine importance, ou la vérification de l'emploi de ces fonds, soient tenues par des fonctionnaires honnêtes et français.

Les dépenses supplémentaires résultant de l'emploi de

ces deux catégories de fonctionnaires français, pourront toujours, et en toute équité, être mises à la charge des Etats Syriens à la seule condition qu'ils ne soient pas appelés avant d'être utilisables. En ce qui concerne la première catégorie les bienfaits de leur présence ne se feront pas longtemps attendre. En ce qui regarde la deuxième, ils rapporteront du premier jour et bien au-delà de ce qu'ils coûteront.

Sur l'évidence de l'observation qui précède, est l'économie de la conduite à tenir pour la France en Syrie. Les preuves de son exactitude peuvent être administrées à pleines mains. Qui ne serait pas convaincu n'a qu'à aller voir; sa religion sera vite éclairée.

De toutes façons, des moyens d'action modestes, mais suffisants, devraient, sans attendre, être donnés avec le programme qu'ils doivent suivre, aux services centraux qui en sont le plus dépourvus.

Organisation financière et organisation du régime foncier. — Le premier de tous les services à mettre sur pied, est le service financier. Il a à faire face à une double tâche immédiate, la première est l'inventaire économique de la Syrie.

Ceux qui, sans parti-pris, ont suffisamment longtemps étudié sur place le problème syrien, sont aujourd'hui convaincus que la Syrie peut être organisée et payer les frais de son organisation. Encore ceci a-t-il besoin d'être démontré, puis précisé par des chiffres permettant de mettre sur pied le programme d'organisation.

Etant posé en principe que la France ne doit plus prendre à sa charge que le strict minimum de temps indispensable, les frais de l'organisation syrienne, le service financier doit en second lieu présenter d'urgence le système fiscal qui, concurremment au développement de ses richesses naturelles, mettra la Syrie à même :

1° D'équilibrer son budget en reprenant à sa charge les

dépenses d'organisation civile jusqu'à présent supportées par la France ;

2° De prendre à sa charge, au début une part, ensuite la totalité, des dépenses d'occupation militaire ;

3° De commencer à rembourser, sous forme d'avantages accordés à des Français ou à des Sociétés françaises, concessions ou autres, les avances qui lui ont été faites au cours des dernières années.

Programme financier. — La France doit, cette année, dépenser en Syrie, si les crédits demandés au Parlement sont accordés, cinquante millions de francs environ en dépenses civiles, et trois cents millions en dépenses militaires et il faut prévoir la continuation d'un effort financier français, allant toujours diminuant, quelque temps encore. Enfin, la France a dépensé en Syrie, depuis le début de son occupation, environ trois milliards de francs.

Quelle devra être la participation de la Syrie à cet effort, fait pour elle et dont elle recueille en grande partie les résultats ?

Avant la guerre, la partie de l'Empire Ottoman correspondant, géographiquement, à peu près aux territoires aujourd'hui sous mandat français, avait une population d'environ trois millions d'hommes avec un revenu annuel d'environ 75 millions, dont la moitié faisait face aux dépenses locales, le surplus étant envoyé au trésor ottoman.

Les dépenses générales faites pour la Syrie ne correspondant pas à ce surplus, la Syrie loin d'être en déficit rapportait à l'Empire.

Les prévisions budgétaires pour l'exercice en cours sont les suivantes :

Etat de Damas........ ..	192.000.000	diastres syriennes
Grand Liban...........	144.000.000	— —
Alep..................	136.000.000	— —
Territoire des Alaouites.	37.000.000	— —
Sandjak Alexandrette ..	26.000.000	— —
Total....	535.000.000	— —

soit 107.000.000 francs, auxquels il faut ajouter 40 millions de francs environ, produits des douanes.

Mais on ne peut tabler en rien sur ces prévisions, et au Grand Liban, en particulier, le déficit paraît devoir être considérable.

A cela, plusieurs raisons. Tout d'abord, si l'on s'en tient à la balance approximative des importations et exportations, il y aurait depuis quelques années, pour la fortune générale de la Syrie, une différence nettement déficitaire. Cette différence se serait accentuée cette année par suite de la sécheresse et de la mauvaise récolte.

En second lieu, il semble que de moins en moins le Syrien tienne à payer des impôts et les administrations locales qui, peut-être, aiment autant que la France continue à subvenir aux dépenses publiques, paraissent aussi de moins en moins décidées à user de contrainte envers les contribuables.

Mais, en sens inverse, tout permet d'affirmer que si elle était équitablement imposée, la Syrie, même dans l'état de choses actuel, non seulement atteindrait, mais dépasserait très largement pour son budget les 150 millions de francs prévus cette année.

En première ligne, les causes de sa situation déficitaire apparaissent passagères, elles sont dues d'abord à l'état de trouble qui, depuis des années, suspend le commerce entre la Syrie et les zones de l'intérieur, état qui, au cours de ces derniers mois, a beaucoup diminué et qui va, il faut l'espérer, disparaître, à la suite de l'accord franco-kémaliste, là où il était le plus intense, dans la Syrie du Nord.

Certainement, d'autre part, beaucoup de Syriens tirant bénéfice, sans travail, des dépenses effectuées par la France et les Français installés en Syrie, ont négligé une activité à laquelle ils reviendront quand ces dépenses cesseront.

Enfin, il existe en Syrie un grand fonds de richesses. De grandes propriétés en belles terres restent aux trois quarts incultes par la seule négligence de leurs propriétaires qui se bornent à atteindre le revenu qu'ils désirent ne sachant à quoi employer des revenus supérieurs Maison à la ville, maison à la montagne, un nombreux personnel domestique, leur automobile parfois, pour quelques-uns un voyage en Europe; leur éducation et les habitudes du pays ne leur permettent pas d'envisager davantage, et leur capital reste aux trois quarts improductif.

Cependant tel quel ce pays sue l'or, même au propre, car son encaisse métallique est considérable. Les bénéfices des Syriens commerçants, au cours des dernières années ont été considérables. Partout où l'armée anglaise d'abord, et après eux, les Français se sont installés, de gros prix ont été exigés. Au lieu de réagir à cette hausse croissante, nous avons augmenté en proportion le traitement de nos officiers et de nos fonctionnaires. La hausse a été moins forte pour les produits de consommation proprement indigènes, nous en avons donc supporté presque tous les frais.

Aussi le Syrien vit largement. Partout s'édifient de riches villas. Le commerce des automobiles est un des plus prospères et non seulement les automobiles privées abondent, mais l'automobile de louage devient le moyen habituel de transport et dans les villes et interurbain, pour des classes de la population qui, en pays d'Europe Occidentale, ne s'aviseraient jamais, surtout aux prix actuels, d'y avoir recours.

En résumé. sur son vieux fonds de richesse, sur l'enrichissement considérable de ces dernières années, le Syrien pourrait acquitter de forts impôts. Il ne paie presque rien.

Les impôts devraient être considérablement augmentés. En première ligne l'impôt foncier. Il ne fournit aujourd'hui que des revenus insignifiants, d'abord parce que dans ce pays de grandes propriétés rurales, la propriété se dissimule et n'est souvent pas imposée parce qu'elle n'est même pas connue, ensuite parce que la révision de la valeur de la propriété foncière, - et ceci regarde particulièrement la propriété bâtie - qui devrait se faire à intervalles rapprochés, n'a pas été effectuée depuis 50, 60 et même, dans certaines régions, 80 ans. Il arrive ainsi que le loyer annuel d'une maison dépasse communément le montant de la valeur pour laquelle elle est imposée.

Il faudrait donc, tout d'abord, tripler ou quadrupler immédiatement partout le montant de l'impôt, procéder ensuite à l'établissement d'un régime foncier qui, entre autres avantages, permettrait de nouvelles et considérables augmentations de l'impôt, plus exactement adapté à la matière imposée.

Selon les statistiques turques, l'impôt foncier sur la Syrie, avant la guerre, portait sur une valeur d'environ 2 milliards et demi pour les propriétés bâties ou non bâties. On peut seulement dire que ce chiffre apparaîtra ridiculement infime le jour où il sera comparé à la réalité.

La deuxième réforme à effectuer au point de vue fiscal est, soit la transformation de la dîme, soit l'organisation d'une surveillance étroite de sa perception. Que ce soit dans la région de Damas, dans celle d'Alep ou dans le Grand Liban, partout j'ai reçu des informations tendant à démontrer que, (et ainsi que c'est toujours le cas, dans les pays où cet impôt est perçu sans surveillance), il n'y a aucun rapport entre le montant des adjudications et le bénéfice réel des fermiers, toujours d'accord pour transformer leur concurrence en un véritable monopole de fait.

Pour ne citer qu'un exemple de l'écart entre les sommes à recevoir et celles qui sont perçues, j'extrais d'un rapport officiel au Haut-Commissariat, le passage suivant :

« Le vilayet d'Adana, suivant les renseignements fournis
« par le service financier de ce vilayet, a perçu en 1919 au
« titre de l'impôt foncier des terrains bâtis ou non bâtis, la
« somme de 16.076 livres turques papier comprenant le droit
« d'Emlak, augmenté de 50 0/0 de sa valeur pour compenser
« le déficit budgétaire de l'année 1330 de l'Hégire et de 6 0/0
« pour charges de guerre, suivant les lois promulguées à
« Constantinople. Ramené à sa perception normale, cet
« impôt eût fourni : 10.304.50 Ltqs or.

« Or, d'après les renseignements recueillis par le service
« agricole du vilayet, il y eut en 1917-1918 (1) 434.208 Ha. de
« terres cultivées, abstraction faite des terrains complantés
« en arbres fruitiers. Ce même service agricole fixe à
« 1.300 francs le prix moyen des terres cultivables. Ce prix
« nous paraissant élevé, si on admet pour l'ha. cultivable une
« valeur de seulement 500 francs, la valeur totale des
« 434.208 Ha. ressortissait à 217.104.000 francs correspondant
« à environ : 21.710.000 Ltqs qui, au taux de 4 0/0 auraient
« fourni à l'impôt foncier une somme de 86.840 Ltqs et ceci
« seulement pour les terres cultivées. Pour évaluer exacte-
« ment la somme dont le Trésor a été défraudé, il faudrait
« ajouter à ces 86.840 Ltqs :
« 1° L'impôt foncier des terrains bâtis ;
« 2° L'impôt foncier des terres incultes ;
« 3° L'impôt foncier des terrains complantés en arbres
« fruitiers.
« 4° Ajouter à la somme trouvée les deux accroissements
« de 5 0/0 et de 6 0/0 ordonnés par la loi. »

---

(1) Il eut été logique, pour faire ressortir l'importance des sommes dont le Trésor a été frustré en Cilicie, en 1919, de comparer la somme perçue à la superficie cultivée en cette même année 1919, mais les chiffres incomplets qui nous ont été fournis par le Service Agricole de la Cilicie n'a pas permis de faire cette comparaison.

On peut résumer comme suit le passage cité :

Au lieu de 15.000 Ltqs pour les trois impôts sur la dîme les terrains bâtis et les terrains incultes, l'impôt régulièrement perçu eût pour les seules terres cultivées au minimum donné 135.000 Ltqs, soit près de 9 fois plus que ce qui a été perçu ; la différence serait encore bien plus forte si l'on tenait compte du montant de l'impôt sur la propriété bâtie et de l'impôt sur les terres incultes.

Parce qu'il a été choisi en Cilicie, alors sous notre contrôle, l'exemple n'est pas moins bon pour toute la Syrie.

Il est en outre indispensable, moins encore au point de vue fiscal que pour le développement de la richesse productive, de taxer et très fortement les terres incultes propres à l'agriculture.

Ces terres font en majorité partie des grandes propriétés sises en des régions qui viennent seulement d'être pacifiées. On comprend donc qu'elles n'aient pas encore été cadastrées. Mais maintenant que l'ordre est partout établi, que des opérations cadastrales peuvent être poursuivies, la promulgation pour toute la Syrie d'une nouvelle législation foncière et l'organisation des régimes fonciers ne doivent pas d'un jour être différées. On sait quelle est la gravité de la question de la propriété foncière en pays musulmans, les lois d'immatriculation foncière ont été une des bases essentielles de notre organisation de l'Afrique du Nord ; sans elles pas de propriété certaine, pas de crédit pour les propriétaires fonciers, pas de bonne rentrée des impôts.

L'œuvre foncière, qu'on le dise en passant, doit être poursuivie de suite en même temps que l'œuvre financière et fiscale. En théorie, le service foncier existe et se compose même de deux fonctionnaires très distingués mais qui ne sont que *deux*. Il serait grand temps de leur donner des aides si on veut passer des théories à l'action, des dépenses comprimées mais improductives aux bénéfices.

Une dernière source de revenus importants qui s'effectue maintenant sous la surveillance d'agents français, est les douanes. La perception des douanes a été réorganisée d'une façon parfaite au cours des derniers mois et s'effectue régulièrement aujourd'hui. Le résultat de cette réforme ne s'est pas fait attendre, malgré la crise actuelle ce revenu est au moins le triple de ce qu'il était sous la domination turque.

Des accords douaniers ont été passés avec les Anglais en ce qui regarde la frontière de Palestine et pour compléter l'ensemble du système, il ne reste plus qu'à passer les accords douaniers prévus par l'accord franco-kémaliste. Mais justement parce que le système douanier syrien fonctionne d'une façon satisfaisante, il faut veiller à ne pas se laisser tenter par la loi du moindre effort, en augmentant la fiscalité douanière.

Les échanges avec l'intérieur ont toujours été une des sources importantes de la prospérité syrienne, la position géographique du pays le permet et même l'exige. Les deux grandes villes musulmanes de Damas et d'Alep sont moins des cités industrielles que des cités commerçantes. Elles doivent leur prospérité à l'afflux entre leurs murs des matières premières venant de l'Est qu'elles échangent contre les produits fabriqués de Syrie et d'Europe pour les répartir ensuite dans l'intérieur de la Syrie ou les réexpédier vers les marchés européens.

La Syrie, qui tire de l'agriculture sa principale richesse est en même temps un pays de transit. Il importe, à tout point de vue, que nous ne laissions pas s'évanouir cette deuxième source de richesse. Politiquement d'abord, et non seulement pour le paisible exercice de notre autorité en Syrie, mais encore parce que nous sommes une grande puissance musulmane, il faut que la fortune de Damas et d'Alep, liée au commerce d'importation et d'exportation, non seulement ne diminue mais s'accroisse.

La Syrie n'est d'ailleurs pas, pour la France, un but en soi ; cette longue bande de terrains qui bouche une part importante du fond de la Méditerranée orientale, nous rend maîtres des meilleures portes vers l'intérieur. A cette conception, correspond, avant tout, le maintien de notre puissance, qui fut tant discutée par les Turcs, sur la partie Sud du golfe d'Alexandrette. Il faut que la route d'Alexandrette au Bagdad vers la Mésopotamie et le golfe Persique d'une part, vers les régions de Diarbékir et le Caucase de l'autre, reste largement ouverte, afin que lors du développement asiatique qui est à prévoir, l'échange des marchandises entre l'Asie Occidentale et l'Europe se fasse par Alexandrette et la Syrie et non par Mersine, Caïffa ou tout autre port aux mains de nos concurrents économiques. Ce point de vue qui doit dominer toutes nos conceptions financières syriennes et qui exige un système douanier libéral et souple, ne gênant pas le transit des produits de et vers l'intérieur, conduit nécessairement à rechercher les principales ressources du budget dans les autres impôts.

Tant qu'un inventaire économique complet de la Syrie n'aura pas été effectué, tant que la réforme du système foncier - avec comme corollaire celle de l'impôt foncier - tant que la réforme des autres impôts directs n'aura pas été réalisée, nous ne vivrons que sur des impressions et nous ne pourrons avancer de chiffres. Deux seules choses dès à présent sont certaines ; la possibilité pour la France de mieux organiser la Syrie, la très proche possibilité pour la Syrie réorganisée de vivre de ses propres ressources et mieux, de rembourser à la France, dans l'avenir, une part importante de sa créance.

Travaux publics. — *Programme à réaliser.* — La France réalisera en premier lieu sa suprématie, nécessaire à l'œuvre qu'elle poursuit, en continuant à établir le réseau routier permettant des communications faciles dans l'intérieur d'un pays assez encadré pour l'instant de chemins de fer mais où les moyens d'alimentation des lignes sont tellement absents que bien des parties en restent pratiquement impénétrables. La route, complétée et appuyée par le chemin de fer, doit devenir le principal auxiliaire de la force d'occupation française, de même qu'elle fut dans le passé et pour les mêmes raisons, l'auxiliaire de la Légion Romaine.

Non seulement parce qu'il donne toute son efficacité à l'emploi d'une force militaire réduite, mais par l'effet moral produit sur les populations, la constitution d'un réseau routier, - et on peut dire la même chose de tous les autres travaux publics - augmentera de façon indirecte mais certaine, la puissance de la nation organisatrice. Les travaux effectués par nous remplissent d'espoir les populations rurales, jusqu'à présent, à ce point de vue, tout à fait déshéritées, et qui attendent, de la possibilité nouvelle d'écouler les produits de leur sol, la richesse.

Ceci conduit au deuxième but à réaliser par l'exécution du programme des travaux publics : la mise en valeur du pays. Il faut tout d'abord, par le développement des moyens de communications, faire de la Syrie l'aboutissement naturel des richesses contenues dans les vastes régions s'étendant entre la mer Noire et le golfe Persique.

Les voies conduisant des villes de l'intérieur, Damas, Homs, Hama, Alep, à la côte, doivent être améliorées. Les échelles, de la frontière de Palestine à la frontière de Turquie, doivent être aménagées en petits ports desservant le commerce local ; un grand port, à Alexandrette, doit être construit et équipé à la moderne. Alep enfin doit être relié à la mer par un nouveau chemin de fer assurant l'écoulement direct en zone française, des produits transportés par le chemin de fer de Bagdad. Il y aura ensuite à construire une nouvelle ligne de pénétration économique se dirigeant par la région de Diarbékir vers le Caucase.

La Syrie n'est pas seulement un pays de transit, mais un pays agricole. Grâce à la possibilité nouvelle d'écoulement de ses produits donnée par les routes et les chemins de fer, grâce à la sécurité de la propriété et au crédit agricole et foncier institués par un nouveau régime foncier, et enfin grâce au développement des procédés de culture aujourd'hui employés, elle pourra, sans arriver jusqu'à la prospérité qu'elle connut dans l'antiquité, tripler ou quadrupler sa production actuelle. Pour ce développement agricole, les travaux publics nécessaires comportent une meilleure distribution des eaux abondantes, mais qui, à la suite de destruction des travaux de captation et de répartition utilisés dans l'antiquité et le moyen-âge, se précipitent aujourd'hui en torrents, pour la majeure partie inutilisés. Ce programme se compléterait par l'irrigation de plaines et par l'assèchement de lacs et de marais donnant des terrains à utiliser pour la culture du coton, ce qui permettrait, avec l'appoint de la production cilicienne, de constituer en Syrie un marché cotonnier indépendant des marchés anglais et américains.

L'effort en travaux publics devrait être complété par l'aménagement des grandes villes syriennes. Des centres commerciaux riches et actifs, comme Damas, Homs, Alep et Beyrouth, pour ne citer que les principaux, où les revenus municipaux, déjà importants, pourraient encore être considérablement augmentés avec l'accord empressé des habitants, restent jusqu'à présent dans un état de complète barbarie et de saleté repoussante. Paver les rues, construire des égouts, amener et distribuer l'eau, l'électricité, établir des lignes de tramways, entretenir, nettoyer et ainsi transformer ces villes, regorgeant de richesses privées, mais dénuées de toute organisation municipale, en villes modernes, est la partie du programme des Travaux Publics la plus immédiatement et aisément réalisable. Ce ne serait pas une des moins appréciées par la grande masse de la population qui toucherait, on peut dire, du doigt, par un progrès directement et de suite sensible, le bienfait de notre présence. Mais il faut, pour cela, la surveillance étroite des autorités françaises sur les finances municipales ; l'établissement et l'exécution des programmes de travaux par des Français à la fois compétents et honnêtes. Seuls les quelques concessionnaires qui profitent largement du régime actuel se plaindraient de sa suppression. Il est à espérer que leurs voix quoique bruyantes, seraient moins entendues en France que celles de la masse de la population.

Du programme général tel qu'il vient d'être esquissé, trois catégories de travaux doivent être immédiatement retenues. La première, les travaux municipaux parce qu'ils sont faciles à organiser, que les ressources y correspondant sont prêtes et qu'ils donneront à la France une excellente cote dans les villes syriennes. La seconde, la construction des quelques routes d'intérêt stratégique, indispensables au point de vue militaire, telle que la route Lattakié-Antioche-Alexandrette, dont il a déjà été question au cours de cette brève étude. Les crédits nécessaires à la construction de ces routes pourront être trouvés dans le budget syrien avec contribution, et une coopération, si besoin est, sur les dépenses engagées par la France, le travail de construction de ces routes pouvant rentrer en partie dans les dépenses d'occupation militaire.

La troisième catégorie de travaux d'extrême urgence, plus difficiles à réaliser que les travaux précédents, mais qu'il importe néanmoins de poursuivre en même temps qu'eux, parce qu'ils conditionnent l'avenir même de la Syrie et l'avenir de la France en Syrie, comporte la création de la première voie de transit assurant à la Syrie l'exploitation des grands marchés de l'intérieur.

Au sud de la Syrie, les Anglais par la Palestine, au nord de la Syrie, tous nos concurrents d'Europe et d'Amérique, par la Turquie avec Ayas ou Mersine comme port, exploitant contre nous la méfiance que l'occupation prolongée de la Cilicie a malgré tout fait germer dans le cœur des nationalistes d'Angora, vont chercher à nous gagner de vitesse en établissant avant nous la grande voie réunissant l'intérieur à la côte. Si nous nous laissons distancer, ou nous devrons renoncer au principal intérêt que présente pour nous la Syrie, ou nous serons obligés de construire une voie concurrente à d'autres; or les frais actuels d'établissement rendraient toute exploitation en concurrence onéreuse. Pour cette raison même, si, profitant des avantages naturels que nous donne notre situation en Syrie, profitant d'établissements commencés les premiers, nous relions rapidement Alexandrette, pourvu d'un port moderne, à Alep et au Bagdad, il y a certitude que nous décourageons nos rivaux et que, ni à Mersine, ni à Ayas, ni à Caïffa, placés dans de moins bonnes conditions géographiques qu'Alexandrette, ils n'engageront la lutte.

Il est donc vital pour la Syrie et la puissance française en Syrie, de développer d'urgence le port d'Alexandrette, d'assurer immédiatement à ce port une première activité par la réfection de la route Alexandrette-Alep, et de préparer, en même temps, un avenir d'une plus grande envergure par la construction d'une voie ferrée reliant par le chemin le plus court possible, Alexandrette au chemin de fer de Bagdad.

Le problème au point de vue financier est important. Il s'agit de dépenser à la fois pour le premier port permettant un trafic suffisant et pour la route destinée à l'alimenter, une somme d'environ 25 millions de francs. Il s'agit ensuite d'agrandir le port par trois tranches de travaux successives, coûtant chacune entre quarante et cinquante millions de francs, il faut en même temps construire une ligne de chemin de fer d'environ 150 millions, soit un programme d'ensemble de 300 millions de francs.

Moyens financiers. — Les principaux moyens financiers permettant de réaliser le programme des Travaux Publics en Syrie, sont la coopération budgétaire de l'Etat où des Etats Syriens, l'octroi de concessions, enfin l'aide de la France sous forme d'avance ou de garantie d'intérêts aux concessions et, plus tard, de garantie d'un emprunt syrien de travaux publics. Cet emprunt devra être émis en France, en des heures qui seront plus favorables, alors que notre contrôle aura assuré une saine gestion des finances syriennes. En attendant ce jour, l'argent du budget syrien doit tout d'abord faire seul face aux dépenses des travaux publics d'intérêt général. Tant que les Etats autonomes subsisteront, leur contribution devrait être versée à une caisse commune des Travaux Publics qui recevrait, en outre, un pourcentage des revenus généraux de la Syrie, en l'espèce et, surtout, le revenu des douanes. Il appartiendrait au Haut-Commissariat de fixer, les Etats entendus, avec le programme de travaux d'intérêt général, la contribution financière de chaque Etat et la contribution des revenus généraux.

Des travaux d'intérêt général ou particulier pourraient en outre être exécutés par l'octroi de concessions, comportant ou non complète ou partielle garantie d'intérêts. Le système ainsi esquissé recevrait sa première application dans la concession du port et du chemin de fer et dans la construction des routes joignant Alexandrette à l'intérieur.

Bien d'autres buts se présentent à l'activité française en Syrie mais ceci n'est ni un exposé didactique, ni un programme, j'ai voulu indiquer seulement pour ceux qui sont déjà au courant de notre politique en Syrie et de nos besoins, ce qui s'est présenté au premier plan, comme immédiatement indispensable, à un Français connaissant l'Orient, à son premier contact avec la Syrie.

D'autres pourront être frappés par d'autres nécessités, d'autres problèmes; qu'ils les présentent au choix s'ils les croient capitaux, mais pour agir il faut choisir.

Le choix est plus difficile à ceux qui sont sur place. Toutes les questions les sollicitent également, il est naturel qu'aux tous premiers jours de l'organisation, et nous y sommes encore, ils plient à la fois sous le faix de la tâche quotidienne et l'immensité et la multiplicité des problèmes.

Au Gouvernement, au Parlement, aux compétences françaises qui, éclairés, ont avec le recul la perspective nécessaire d'aider ces bons ouvriers de la force française en posant les principes, fixant les programmes et mettant en première ligne le plus indispensable.

Post-Scriptum. — Cette note écrite sur le bateau de retour, je trouve en débarquant une opinion publique en général orientée en un sens opposé.

On s'imagine qu'un contrôle plus effectif sur la Syrie se traduirait par un effort plus considérable en hommes et en argent de la France, en conséquence on s'en écarte pour approuver une politique qui se résume comme suit :

Ne rien changer à notre statut en Syrie, mais, profitant de l'amélioration, supposée définitive, à ses frontières nord, restreindre et, petit à petit, réduire à presque néant, notre effort militaire et notre effort financier.

Cette politique optimiste qui présente l'avantage d'éviter toute difficulté absolument immédiate, repose sur un triple postulat :

Aptitude de la Syrie à se gouverner elle-même;

Gratitude des Syriens qui accepteront volontiers notre coopération et notre contrôle, même si nous réduisons nos forces de surveillance et ne les subventionnons plus de notre or.

Tranquillité extérieure acquise tant du côté turc que du côté arabe.

Si par hasard, le postulat se trouvait faux, ce serait pour demain, mais pour demain seulement, la catastrophe.

Une juste appréciation de ce qui se passe actuellement en Syrie et l'expérience de tous ceux qui ont connu les pays arabes, concordent pour préjuger de l'absolue incapacité pour un peuple qui n'a aucune notion de la chose publique et qui est conduit par une petite minorité égoïste et vénale, de s'administrer lui-même.

Rien ne permet, d'autre part, de supposer que la Syrie qui accepte aujourd'hui sans protestation, parce qu'elle est incontestable, notre force et qui profite de notre or, acceptera notre contrôle, si atténué soit-il, le jour où il ne sera plus pour ses dirigeants qu'une gêne sans contre-partie. Tout nous fait prévoir, au contraire, une profonde irritation prochaine devant la substitution nécessaire à notre effort financier, d'un effort financier syrien même bien moindre. Du mécontentement inévitable et du désordre, nous avons chance sérieuse de passer vite *aux désordres*.

Enfin la solidité de notre situation en Syrie peut seule nous garantir avec certitude de difficultés éventuelles avec ses voisins du sud et du nord.

Nous avons bien fait, mille fois bien fait, d'évacuer la Cilicie mais nous l'avons fait bien tard et non quand il l'aurait fallu, quand les Grecs étaient vainqueurs. De la prolongation de notre occupation sont nés des causes d'irritation, des malentendus qui mettront du temps à se dissiper et nécessitent que nous gardions pour l'instant une situation suffisamment forte en Syrie.

Dans ces conditions, on ne peut qu'estimer très périlleuse la politique d'expectative actuellement préconisée. Si, par notre situation de puissance musulmane, pour des raisons de politique générale en Orient et de prestige et aussi parce que nous hésitons à abandonner notre mise, nous ne pouvons aujourd'hui évacuer la Syrie, nous le pourrons moins encore demain, en plein conflit, sous la pression de la révolte ou de menaces extérieures,

Partir pour partir, si l'on devait partir, il vaudrait mieux partir de suite, car l'occupation prolongée se traduira toujours par de nouveaux sacrifices si réduits qu'on les suppose, mais si l'on ne doit pas partir, ce qui apparait bien du reste impossible, il faut faire immédiatement le nécessaire pour rester en économisant les pertes de temps, d'argent et d'hommes, qui seraient le prix obligé de nos fluctuations.

Nous pouvons aujourd'hui installer doucement et sous le couvert de la formule du mandat, un régime d'organisation basé sur l'autorité contre laquelle personne en Syrie ne songera à protester, ne nous laissons pas acculer à la nécessité d'être obligés demain de l'installer par la violence et au prix de nouveaux sacrifices.

Nous pouvons aujourd'hui, en mettant immédiatement en valeur la Syrie, la mettre en état et de se suffire par elle-même et de procurer, dans un avenir rapproché, des avantages économiques au pays tuteur.

Ne rejetons pas, pour notre pays qui a à faire face à de si grands efforts et dont les ressources financières sont aussi limitées, la possibilité des avantages qu'un peu d'énergie doit nous procurer.

Telle est la conviction, non d'un seul témoin, mais de presque tous les Français qui vivent aujourd'hui en Syrie, se préoccupent sérieusement et dans un but patriotique de l'avenir.

ANNEXE

Celle toute première note, telle qu'elle fut prise, sans souci de composition ni d'arrangement, parce qu'elle reflète sincèrement la première impression donnée par la Syrie à un nouveau débarqué avant toute étude, conversation et documentation.

Voyage à Damas

Au cours de cette première tournée de cinq jours, j'ai été surpris par l'aspect de prospérité générale des populations et par le bon état des cultures, malgré la sécheresse prolongée.

J'avais, pour comparer, mes souvenirs de Turquie d'Europe et de Turquie d'Asie, de la Péninsule des Balkans, du Maroc et de Tunisie.

Nulle part, en Turquie, si ce n'est dans le vilayet de Smyrne, je n'ai vu pareille richesse et terres aussi soigneusement entretenues.

La tenue générale, les habitudes accueillantes des villageois, tant chrétiens que musulmans, font également preuve que cette partie de la Syrie n'a pas souffert, au cours de ces dernières années, autant que les autres régions appartenant ou ayant appartenu à l'Empire Ottoman.

Sur la route, entre Beyrouth et Damas, la rencontre incessante de caravanes, donne, sans qu'on puisse chiffrer, l'impression d'un trafic actif.

La même impression de vie économique active et de prospérité, m'est donnée par mes promenades dans les rues de Damas.

On sent nettement qu'on se trouve en présence d'une population ouvrière active et laborieuse.

La plaine de la Bekaa m'avait déjà paru activement cultivée, mais la richessse et la beauté de l'Oasis de Damas sont exceptionnelles.

J'ai, en particulier, visité un essai de plantation de coton, fait avec des graines d'Egypte, par un notable Damasquin, Saïd Bey Youssef. Il va faire d'autres essais sur les bords du lac de Tibériade où de vastes espaces seraient cultivables en coton.

Plusieurs membres du Conseil de l'Etat de Damas, avec lesquels je me suis entretenu du problème du coton, s'en préoccupent. Je vais envoyer à l'Emir Taher, petit-fils d'Abdel Kader, des graines de coton de Cilicie, avec lesquelles il veut faire des essais.

Les notables musulmans semblent comprendre toute l'importance pour l'Etat de Damas, de la création de vastes cultures cotonnières, devant compléter celles à développer en Cilicie.

Il semble qu'on pourrait créer en Syrie et en Cilicie, un marché cotonnier, d'autant plus assuré d'acquérir de l'importance que, si l'on arrivait à produire du coton en quantité et qualité suffisantes, on pourrait avoir un concours actif des transformateurs français désireux de s'affranchir du monopole anglo-américain.

J'ai continué en visitant le Hauran. La sécheresse exceptionnelle y a rendu déficitaire la récolte des céréales. J'ai constaté, néanmoins, avec quelle activité la culture est poussée, même dans les terres en apparence désertiques.

A mon retour par Palmyre, Hama, Homs et Baalbeck, j'ai descendu et remonté les vallées de l'Oronte et de la Bekaa; même impression de richesse, même prospérité dans les villages, même air de sécurité générale que dans la région de Beyrouth.

Tout voyageur arrivant de France, exclusivement renseigné par les journaux, se souvenant des combats de date si récente contre Faiçal, partagerait certainement mon étonnement, en faisant le voyage de Damas.

La route traverse les gorges où l'armée de Faiçal essaya de résister à nos troupes. Aujourd'hui, seules les tombes élevées à nos soldats, marquent qu'hier on se battait là.

A Damas, même impression de calme et de sécurité; activité dans les rues, mouvement des négoces, des groupes paisibles de bédouins installés auprès de leurs chameaux ou marchandant dans les bazars; çà et là, par un, par deux, nos soldats mêlés aux indigènes ou juchés sur les mêmes charrettes.

Pour qui a vécu longtemps en pays d'Islam, il est un moyen simple de se rendre compte de l'état d'esprit des musulmans, c'est la visite aux mosquées. Si les esprits ne sont pas entièrement calmes, un tressaillement au contact du Kafir qui passe, un regard de colère, sont des indices sûrs et faciles à recueillir. J'ai bien scruté les physionomies, non seulement dans la mosquée des Ommiades où l'Iman souriant chargé des visiteurs, m'a tenu des propos imprégnés de la plus douce tolérance devant les Mihrabs voisins, des Chafiites, Hanéfites et Malékites, mais dans toutes les autres, nulle part je n'ai noté une seule expression même d'impatience.

Nous soignons les malades de toutes confessions, me disait la sœur supérieure de l'Hôpital français de Damas. Tous sont contents, pas un mot contre la France.

Même expression de sécurité exceptionnelle dans le Hauran. Seuls quelques petits postes de soldats çà et là, indiquent que la France fait bonne garde.

L'ordre et la paix règnent dans ce qui fut le royaume de Fayçal.

Damas, la ville sainte, l'un des centres sacrés de l'Islam, non seulement est en nos mains, mais accepte notre puissance.

Il y a là un événement dont la portée ne peut échapper à quiconque a connu le monde musulman, et dont la répercussion s'étendra de la Syrie et de la Turquie à nos possessions musulmanes de l'Afrique du Nord.

Puissance occupante acceptée à Damas, la France est sacrée dans l'esprit de tout musulman, si cette occupation se continue paisiblement, grande Puissance Islamique, pour une raison analogue à celle qui fait du sultan de Constantinople, le véritable calife, bien qu'il ne soit ni Arabe, ni descendant direct du Prophète, ainsi que l'exigent les textes sacrés.

La raison de ce prodige est simple : la sécurité règne, plus de brigandages, plus d'attaques à main armée, le paisible musulman peut, sans inquiétude, cultiver son champ ou se livrer à son commerce, il en est tout heureux et c'est ce que chacun m'a dit.

Complétant avec le turc ce que je sais d'arabe, j'ai causé avec les marchands, les petites gens dans les cafés ; le senti-

ment de la sécurité domine partout pour l'instant, les inquiétudes cependant graves du peuple de Damas au sujet de sa
situation économique. Il y a cependant là un problème grave.
Les notables musulmans que j'ai visités, n'ont pas manqué de
m'en entretenir. Voici les noms de ceux avec qui je me suis
entretenu :

Hakki Bey el Azem, Gouverneur de Damas ; Selim Effendi
Boukhari, Reis des Ulémas ; Cheikh Tewfick el Mini, Alem ;
Abdel Kader Iskender Ali, Alem ; Abdel Moslem Estouavi,
Président du Conseil d'Etat ; Emir Taher, petit-fils d'Abdel
Kader, Conseiller d'Etat ; Nahman Abou Shar, Conseiller
d'Etat (Chrétien) ; Cheikh Tageddin, Conseiller d'Etat ; Ferid
Pacha Elyaffi, Conseiller d'Etat.

Tous m'ont dit leur satisfaction de voir la France, puissance généreuse et dont ils connaissent les rapports amicaux
avec l'Islam, venir leur apporter, avec l'ordre et la paix, les
bienfaits matériels de la civilisation.

Ils attendent de nous le concours de nos techniciens, de
nos éducateurs ; ils croient à l'intelligence de leur race et aux
grands progrès qu'ils feront vite sous notre direction.

Répondant dans le même sens, j'ai comparé les discours
des uns, des autres, à ceux que me tenaient, comme eux à
Fez, il y a dix ans, de notables musulmans qui attendaient
comme eux, de la France, le développement technique et
économique de leur pays et qui n'ont pas espéré en vain ;

Je leur ai décrit la Tunisie en partie déserte autrefois,
verdoyante aujourd'hui d'oliviers.

Mais ceci amena des critiques. Les plus sérieuses, les plus
sincères, gage aussi, me semble-t-il, des bons sentiments à
côté d'elles manifestés, vinrent des Ulémas.

Un peu de crainte d'abord visible, quoique dissimulée, de
n'être pas traités tout à fait sur le même pied d'égalité que les
chrétiens de Syrie. Le Haut-Commissaire réside à Beyrouth,
centre plus chrétien que musulman et pour eux Damas est la
capitale de la Syrie.

« Nous demandons que les Français nous traitent comme
si nous étions des Français ».

Ils désirent aussi rester Syriens. Ils s'inquiètent d'une
décentralisation qui leur paraît n'être ni conforme à ce qui

existe, ni à l'intérêt du peuple. Avec une perspicacité qui m'a surpris, l'un d'eux m'a même demandé si le développement économique et technique se poursuivrait avec la même facilité dans une Syrie fragmentée que dans une Syrie homogène.

Ils sont d'autant plus préoccupés de cette question, qu'à côté de sa portée politique, elle a pour eux une portée économique immédiate et vitale.

La douane à la frontière de Palestine semble déjà devoir avoir des conséquences désastreuses pour certaines industries locales de la ville de Damas.

On m'a cité l'industrie des savetiers, qui fait vivre plus de 600 familles, et celle des teinturiers, comme gravement compromises. Il doit en être de même des industries des tissus, du cuivre, des fruits confits, etc.

L'établissement des douanes intérieures entre les divers États syriens que l'on constitue, atteindrait Damas plus profondément encore.

Cependant, il faut, non seulement pour la Syrie mais pour tout notre empire musulman, que Damas reste prospère.

J'ai terminé mon séjour à Damas par une visite au vieux Cheik Bereddine, qui coule ses derniers jours entouré de la vénération de la population musulmane.

Je retiendrai quelques paroles de cette visite à un homme qui fut pendant la guerre, contre les exhortations des fanatiques et les violences des Jeunes-Turcs, le défenseur des opprimés et des faibles.

« Le Coran, me dit-il, enseigne que le puissant qui n'a pas su respecter le pauvre et défendre le faible finit toujours par en être puni. Nous espérons que la France sera ici le protecteur des pauvres et des faibles, et s'il en est ainsi, sa puissance sera bénie. »

Résumé de ma première impression : la France a déjà beaucoup fait en Syrie et par ce que j'en ai déjà vu, le pays semble en nos mains.

La Syrie parait assez riche et avoir des possibilités d'avenir assez intéressantes pour valoir la continuation d'un effort qu'on n'interromprait certainement pas sans danger.